BEI GRIN MACHT SICH IHR
WISSEN BEZAHLT

AF144491

- Wir veröffentlichen Ihre Hausarbeit,
  Bachelor- und Masterarbeit

- Ihr eigenes eBook und Buch -
  weltweit in allen wichtigen Shops

- Verdienen Sie an jedem Verkauf

Jetzt bei www.GRIN.com hochladen
und kostenlos publizieren

Bibliografische Information der Deutschen Nationalbibliothek:

Die Deutsche Bibliothek verzeichnet diese Publikation in der Deutschen National-
bibliografie; detaillierte bibliografische Daten sind im Internet über http://dnb.d-
nb.de/ abrufbar.

Dieses Werk sowie alle darin enthaltenen einzelnen Beiträge und Abbildungen
sind urheberrechtlich geschützt. Jede Verwertung, die nicht ausdrücklich vom
Urheberrechtsschutz zugelassen ist, bedarf der vorherigen Zustimmung des Verla-
ges. Das gilt insbesondere für Vervielfältigungen, Bearbeitungen, Übersetzungen,
Mikroverfilmungen, Auswertungen durch Datenbanken und für die Einspeicherung
und Verarbeitung in elektronische Systeme. Alle Rechte, auch die des auszugsweisen
Nachdrucks, der fotomechanischen Wiedergabe (einschließlich Mikrokopie) sowie
der Auswertung durch Datenbanken oder ähnliche Einrichtungen, vorbehalten.

Impressum:

Copyright © 2010 GRIN Verlag, Open Publishing GmbH
Druck und Bindung: Books on Demand GmbH, Norderstedt Germany
ISBN: 9783640787531

Dieses Buch bei GRIN:

http://www.grin.com/de/e-book/150518/gesundheitspolitik-heute-und-morgen

Günter Steffen

Gesundheitspolitik heute und morgen

Die Misere im Gesundheitssystem

GRIN Verlag

Gesundheitspolitik heute und morgen - die Misere unseres Gesundheitssystems

Referat von Günter Steffen/Gesundheitsexperte

Jeder Zuhörer hat aus seinem Blickwinkel seine eigenen Vorstellungen von einem funktionierenden Gesundheitswesen. Insbesondere dann, wenn Sie zu den unterschiedlichsten Leistungserbringern, direkt zu den Krankenkassen bzw. zu den Privatversicherten gehören, eine Parteirichtung vertreten oder ganz einfach gesetzlich Versicherter sind. Gemeinsam wünschen wir uns alle, dass das Gesundheitswesen vertretbare Beiträge erhebt und alle Leistungen, die von den Leistungserbringern angeboten, ausreichend finanziert werden.

Soweit es sich um Privatanbieter handelt, sollen die erbrachten Leistungen dann auch noch einen möglichst ergiebigen Gewinn abwerfen. Spätestens nach dem GKV-Wettbewerbsstärkungsgesetz, von der großen Koalition beschlossen, soll der Gesundheitsmarkt blühen und Millionen Arbeitsplätze sichern helfen. Dafür soll grundsätzlich der Beitrag in der Gesetzlichen Krankenversicherung ausreichen. Ich verweise auch auf die breite Öffentlichkeitsarbeit der Medien vor geraumer Zeit mit dem Thema Gesundheitsmarkt mit den bestehenden fast 5 Millionen Arbeitsplätzen.

Fakt ist, dass immer wieder in den zurückliegenden Jahren erhebliche Defizite bei den Krankenkassen entstehen. Unzählige Gesundheitsreformen in den 80er und 90er Jahren sowie bis in jüngster Zeit haben **nicht** sicher stellen können, dass die Leistungen und die dazu gehörige Qualität nach den jeweils neuesten wissenschaftlichen Erkenntnissen für die GKV-Versicherten gesichert, sowie die stetig steigenden Beiträge verhindert werden.
Der von den wechselnden Regierungsparteien in den vergangenen Jahren geforderte Ausbau des Gesundheitsmarktes,

damit weitere Arbeitsplätze hinzu kommen - selbstverständlich mit den Finanzmitteln der Beiträge - hat mittlerweile dafür gesorgt, dass wir uns schon nicht mehr unbedingt auf eine ausreichende Absicherung von Diagnostik und Therapie im Krankheitsfall verlassen können, jedenfalls nicht, was der neueste Stand wissenschaftlicher Erkenntnisse anbelangt. Auch ich bin mittlerweile der Überzeugung, die Zweiklassenmedizin ist heute bereits Realität.

Der Gesetzgeber hat in den zurückliegenden Jahrzehnten selber für ein Anspruchsdenken in unserer Gesellschaft gesorgt unter dem Motto "Wenn ich schon Beiträge bezahle, dann will ich mir auch meine Ansprüche von der Kasse wiederholen." Niemand aus der verantwortlichen Politik oder aus der Mitte unserer Gesellschaft hat vernehmlich dagegen gestellt: Die Gesetzliche Krankenversicherung ist eine solidarische Absicherung nur für den Krankheits- und Vorsorgefall.

Gegenwärtig haben wir von folgenden Fakten in der GKV auszugehen, auf die Pflegeversicherung gehe ich dann anschließend ein:

Seit dem 1.7.2009 zahlen alle Versicherten 7,9% Beitrag vom Gehalt bzw. von der Rente. Wer als Ruheständler eine Zusatzversorgung erhält, muss den gesamten Beitrag von 14,9% gegen sich gelten lassen. Der eingeführte Gesundheitsfonds ab 1.1.2009 reichte schon nach wenigen Monaten nicht mehr aus. Da die Kassen aus diesem Fonds die Finanzmittel **mit den Prioritäten Alter, Geschlecht und Schwere von Krankheiten** erhalten, **ist ganz viel** , teilweise in Zusammenarbeit mit niedergelassenen Ärzten, **gemogelt** worden. Einige Kassen verfügen über Gewinne und andere verzeichnen gewaltige Defizite. In kürzester Frist sind schon, **über alle Kassen** gerechnet, voraussichtlich 2010 über 7 Milliarden-Unterdeckungen aufgelaufen. Im März hat sich die Mehrheit des Bundestages für die Entlastung von einmalig 3,9Milliarden Euro ausgesprochen. Die verbleibende Finanzierungslücke haben zukünftig ganz sicher die Kassenmitglieder zu schließen. Seit Mitte April ist öffentlich geworden, dass sogar eine Beitragserhöhung in diesem Jahr nicht ausgeschlossen ist. Bis zum Ablauf des Jahres 2011 jedenfalls rechnen die Gesundheitsfachleute mit 12 bis 15 Milliarden nicht finanzierte Ausgaben, **wenn bis dahin nicht eine umfassende Reform greifen kann.** Auch die jetzt bekannten Änderungsabsichten, der Erhöhung von Zwangsrabatten von 6% auf 16% ab 1.8.d.J., für patentgeschützte Medikamente, wenn sie denn gesetzlich beschlossen werden sollten, werden nur ein Tropfen auf dem heißen Stein bei der Größenordnung der aufgelaufenen Defizite sein.

Der in der vorigen Legislaturperiode beschlossene Zusatzbeitrag bis zu 1% vom Haushaltseinkommen wird als Berechnung entweder schon von einigen Krankenkassen (überwiegend erst mit 8 Euro monatlich) erhoben, oder wird in diesem, spätestens im nächsten Jahr, zur Berechnung bei weiteren Kassen anstehen. Allgemein wird davon ausgegangen, dass ein Zusatzbeitrag von 25 bis 35 Euro monatlich ab 2011 bei vielen Krankenkassen Realität sein wird.

Sie alle fragen sich, wo bleiben die Einnahmen der Kassen von annähernd 170 Milliarden Euro jährlich?

Die zurückliegenden Kostendämpfungs- und Rationierungsmaßnahmen haben nichts daran ändern können, dass selbst die gewaltigen **Einnahmen nicht ausreichen**, alle Ausgaben der Krankenkassen ohne Defizite sicherzustellen. Wenn allerdings alle unwirtschaftlichen Fakten, überzogene Verordnungen und das Verhalten der Missbräuche, bei nicht zu bestreitenden Fortschritten in der Medizin, aufgelistet werden würden, hätten viele Milliarden Euro nicht ausgegeben werden müssen. Ich nenne hier einmal einige Beispiele, die in Fachkreisen selbstverständlich bekannt sind:

3

Die stetig steigende **Inanspruchnahme** der niedergelassenen
Haus- und Fachärzte **von den Versicherten**, der **Missbrauch
bestimmter Personengruppen, 5 bis 8x jeden Monat im Jahr**
den Arzt aufzusuchen, die **stetig steigenden** Ärzteverordnungen
und die in zehn Jahren gestiegenen Arzneiausgaben von 68%
pro Mitglied, das **Wegwerfen der Medikamente** in den Müll
im Wert von bis zu 1 Milliarden Euro jährlich, die
überflüssigen 50 bis 60 Millionen **Röntgenuntersuchungen im
Jahr**, die nach Auffassung der Deutschen Röntgengesellschaft
hätten nicht verordnet werden müssen, der **Anstieg** der
Herzkatheteruntersuchungen in den letzten Jahren mit einer
Steigerungsrate von 300 %, und die zwanzig Prozent Ballon-
Dilatationen (Katheters) und auch Hüftoperationen, die **ohne
medizinische Begründungen** durchgeführt werden.

Es gibt Gruppen in unserer Gesellschaft, die sich die
Versicherungskarte ausleihen oder entwenden und somit jährlich
Millionen Schäden für die Versichertengemeinschaft anrichten.
Es wäre **so** einfach, dieses Problem **abzustellen**. Die Ärzteschaft
will aber keine Personenüberprüfung in ihren Praxen vom
Sprechstundenpersonal dulden. Der öffentlich rechtliche Auftrag
wird dabei von den Kassenärzten ignoriert und die Politik lässt
es dabei.

Von den heute noch bestehenden 169 Krankenkassen werden
rund 10 Milliarden Euro jährlich aus Anlass ihrer
Marketingaktivitäten für Sach- und Personalaufwendungen aus
den Beiträgen verschleudert. Ich sage voraus, weil viele
Krankenkassen zu unwirtschaftlich aufgestellt sind und auch
viele Großunternehmen nicht mehr daran interessiert sind, eine
eigene Betriebskrankenkasse zu führen, wird die Anzahl der 169
Krankenkassen sehr bald schrumpfen auf weit unter 100. Einige
Fachleute sind der Meinung, dass in kürzester Frist nur noch 50
Krankenkassen übrig bleiben werden.
Das **Wettbewerbsstärkungsgesetz ist der Aufhänger** der
großen Krankenkassen in unserem Land, den Ausbau der
Mitgliederzahlen voranzutreiben. Rasant änderten manche

Kassen ihre **organisatorischen Prioritäten und die daran geknüpften personellen Umbesetzungen. Ausgefeilte Vertriebsmethoden** wurden entwickelt und durch vielfältige Aktivitäten mit dem Personal an den Bürger gebracht. Die qualifizierten Beratungen im Krankheitsfall der Versicherten sowie Vertrags- und Leistungsentscheidungen werden dabei vernachlässigt, **obwohl es die originären Aufgaben einer Krankenkasse sind.**

Die Gründe sehe ich darin, **Positionen im innerbetrieblichen** auszubauen **und im politischen Bereich mehr Einfluss zu erlangen.** Dabei werden die Kassenvorstände von den Personalräten und Gewerkschaftsvertretern in den Verwaltungsräten unterstützt. Hier werden ganz eindeutig die Beiträge der Versicherten, aber auch die der Arbeitgeber, missbraucht. Bis heute sitzen in den Verwaltungsräten der großen Krankenkassen Barmer/GEK und DAK/HEK sowie in weiteren Ersatzkassen **keine Vertreter der Arbeitgeber.**

Wir leisten uns also bei den vielen Krankenkassen gewaltige Summen anfallender Verwaltungskosten, aber ebenso auch enthalten in den Gesamtvergütungen bei den vielen Kassenärztlichen Vereinigungen, Kassenzahnärztlichen Vereinigungen, bei den Krankenhausgesellschaften, den vielen Landesverbänden von Krankenkassen in Zugehörigkeit der unterschiedlichen Kassenarten, nicht zu vergessen bei den landes- und bezirksbezogenen Medizinischen Diensten. Wie gesagt: **Alles zu Lasten der Beiträge.**

Wir alle wissen, wie es in den Praxen der niedergelassenen Allgemein- und Fachärzten zugeht. Durch die teilweise ungerechten Honorarverteilungs-Regelungen, zu verantworten von den Kassenärztlichen Vereinigungen und von der GKV, führen im Resultat für den Patienten sehr oft zur "Billig- und Fließbandmedizin".
Es ist nicht zu akzeptieren, dass heute höchstens 7 Minuten Patientenkontakt in der Sprechstunde beim Arzt möglich sind.

Die Politik lässt zu, dass viele Ärzte privat zu zahlende individuelle Gesundheitsleistungen den Kassen-Patienten regelrecht aufdrängen dürfen.

Ich kann dazu nur den Rat geben:
Wenn der behandelnde Arzt eine Diagnostikmethode vorschlägt, die privat zu zahlen ist, dann hat er nach einer stattgefundenen Anamnese einen bestimmten Verdacht. Derartige Untersuchungsmethoden, wenn sie denn wissenschaftlich anerkannt sind, können grundsätzlich von ihm mit der KV abgerechnet werden. Hat der Arzt **keinen Verdacht**, dann spielt er mit den Ängsten der Patienten. Leider viel zu schnell lassen sich die Patienten einschüchtern und private Leistungen aufdrängen. Aus Gründen der Überredungskünste haben die Ärzte rund eine Milliarde Euro im vergangenen Jahr für IGEL-Angebote eingenommen.

Sie haben sicherlich alle in den zurückliegenden Monaten mitbekommen, wie sich manche Krankenhäuser - einige sprechen sogar von einer flächendeckenden Situation - niedergelassene Ärzte quasi kaufen, um lukrative Patienteneinweisungen zu erhalten. Die Basis für die Machenschaften haben Politiker und Kassenfunktionäre gelegt. Grund sind die unterschiedlich hohen Fallpauschalen-Bewertungen. (In der Fachsprache DRG genannt). Hier ergeben sich Anreize für Krankenhäuser, Gewinne zu machen, insbesondere dann, wenn die eingerechneten notwendigen personellen Ausstattungen je Leistung **unterschritten** werden. Aber auch die Krankenkassen profitieren von verkürzten Verweildauern, weil Abschläge aus den Fallpauschalen dann vorgenommen werden dürfen. Die Zeche zahlt im doppelten Sinne der kranke Versicherte. Die Patienten werden nach einer schweren Operation teilweise bereits einige Tage später nach Hause entlassen. Sehr oft werden also die festgelegten Mindestverweildauern gravierend unterschritten. Die dann notwendige hausärztliche Nachsorge lässt zu wünschen übrig. Grund ist dafür auch die lächerlich von der KV festgelegte

Hausbesuchspauschale für den Allgemeinarzt.

Das äußerst komplizierte DRG-Fallpauschalen-System führt zu **absichtlichen und unabsichtlichen Abrechnungsfehler der Krankenhäuser mit der jeweiligen Krankenkasse.** Es sind Vergütungen, die sich auf Haupt- und Nebendiagnosen beziehen und katalogisiert sind, unabhängig vom tatsächlichen individuellen Krankheits- oder Genesungsverlauf des Patienten. Da Abrechnungsfehler alleine bei Stichproben von Krankenhäusern 2009 von über 1 Milliarde Euro entstanden sind, müssen die Krankenkassen und die Medizinischen Dienste mit einem riesigen Personalaufwand die Krankenhausrechnungen prüfen. Da ein Verwaltungsmann die Codierung der Fallpauschalen im Krankenhaus nicht vornehmen kann, müssen Ärzte diese arbeitsaufwendigen Aufgaben übernehmen. Und dazu **ein Kuriosum**: Die Große Koalition gestand den Krankenhäusern wegen der bürokratischen Zeitaufwendungen von Nachprüfungen – verlangt von den Kasssen- jeweils 300 Euro je Einzelrechnung **zu**, sofern die Codierung und Inrechnungstellung des Krankenhauses nach Prüfung des MDK **für richtig** befunden wurde.

Gezielt eingesetzte Prüfungsgruppen in Absprache mehrerer Krankenkassen stellen von Zeit zu **Zeit Korruption** in gewaltiger Höhe fest, ich verweise auf Ergebnisse aus dem vergangenen und diesem Jahr u.a. im **Hilfsmittelbereich mit Sanitätshäusern, Hörgeräteakustikern und im Abrechnungssystem für Arzneimittel.** Pharmavertreter bedrängen die Ärzte, immer teurere patentgeschützte Medikamente zu verordnen. Anreize für die Ärzte sind oft kostenlose Aufenthalte in Nobelhotels, deklariert als wissenschaftliche Fortbildungen sowie teure Sachgeschenke.

Ehrlicherweise muss aber auch erwähnt werden, wie mit **Nachdruck von Seiten der Ärzteschaft immer wieder in den zurückliegenden Jahren eine Positivliste** der festzulegenden Arzneimittel für ambulante Therapiemaßnahmen vom

Gesetzgeber verlangt wurde. Die Pharmalobby hat es bis heute geschafft, dass eine derartige Begrenzung für die auf dem Markt befindlichen 30000 Medikamente (allein in der Roten Liste) nicht erfolgt.

Und noch ein gravierendes Problem stellt sich für Patienten und Ärzteschaft. Es kann dem Versicherten passieren, dass der behandelnde Arzt gegen Ende eines Quartals bestimmte notwendige Verordnungen ablehnt. Wenn der Kassenarzt sein Arzneibudget überschreitet, zieht die KV den überschrittenen Betrag **vom Honorar** des Arztes ab.
Ich will es bei diesen Beispielen einmal belassen. Wie Sie sich denken können, sind mir sehr viel mehr unwirtschaftliche und unkorrekte Verfahren im Leistungsrecht bekannt.

Bevor ich auf das Thema, **wie es mit der gesetzlichen Krankenversicherung weiter geht, eingehe**, möchte ich jetzt auch auf einige Fakten zur Pflegeversicherung hinweisen.
Nach dem Sozialgesetzbuch XI liegt Pflegebedürftigkeit vor, **wenn der Versicherte regelmäßig und dauerhaft auf** Hilfe (mindestens 46 Minuten Pflege pro Tag benötigt und dabei mindestens einmal täglich **auf 2 unterschiedliche Verrichtungen** (z.B. Waschen und Ankleiden) **angewiesen ist.**
Die Pflegeminuten für schwere und schwerste Pflege sind entsprechend mit höheren Zeitfaktoren vorgegeben. Der Prüfer des Medizinischen Dienstes prüft im Auftrag der Pflegekasse, ob Pflegebedürftigkeit vorliegt.

Zurzeit werden Arbeitnehmern und Rentnern als Beitragssatz 1,95% vom Bruttogehalt/Rente, für Kinderlose mit einem Zuschlag von 2,2% berechnet.
Ein großes Problem stellt sich, wie qualitätsorientiert eigentlich Pflegeeinrichtungen sind. Gegenwärtig werden vom Medizinischen Dienst Einrichtungen bewertet, mit über 60 Einzelbenotungen für die Aufgaben aus Pflegequalität, Unterkunftssituation, Verpflegung, Betreuung usw. Daraus wird dann eine **Gesamtnote** gebildet.

Lobbyisten der Pflegeverbände und Einrichtungsträger hatten diesen Kompromiss erreicht und die Politik der großen Koalition hatte diese Regelung abgesegnet. Es ist m.E. **ein Unding, wenn die Zwischennote Pflege mit " ausreichend" beurteilt wurde und alle anderen Aufgaben** von gut bis befriedigend benotet wurden, **hieraus eine Endnote gut bis befriedigend festzustellen. Nachdem nun aber der** Medizinische Dienst mit über 400 Prüfern viele Ergebnisse festgelegt hat, macht sich eine Klagewelle, die von den Eigentümern der Pflegeheime und der Ambulanten Pflegebetriebe eingereicht wurden, bemerkbar.
Unter www.pflegelotse.de erfahren Sie Ergebnisse der Untersuchungen.

Zu den Prüfungen kann ich berichten, dass im Koalitionspapier aus Oktober 2009 beschrieben wurde, dass die Ergebnisqualität zukünftig Vorrang vor der Strukturqualität haben soll! Also weg von der Zusammenfassung der Einzelbenotungen zur Endnote. Leider sollen wohl die gerade erst geschaffenen Pflegestützpunkte (als Beratungsstelle) laut Koalitionsvereinbarung wieder entfallen.

Erfreulicherweise soll demnach wohl auch eine neue und differenziertere Definition der Pflegebedürftigkeit einschließlich Demenz vorgenommen werden. Wenn Bürokraten daran gehen, ist allerdings zu befürchten, unter dem Gesichtspunkt der Ausgabenseite, dass viel Stückwerk und noch mehr Unklarheiten die Folge sein werden. Dann sind wieder die Gerichte gefragt.

Wir alle sind über die Erklärungen in der Presse des neuen Gesundheitsministers und die der so genannten Sachverständigen nach Bildung der neuen Regierung irritiert. **Was wirklich mit der Gesetzlichen Krankenversicherung in Zukunft passiert, bleibt sehr vage.**
Folgende Fakten in den nächsten Monaten sind sicher absehbar:

Der Zusatzbeitrag für die GKV-Mitglieder wird in diesem Jahr früher oder später, **zunächst mit 8 Euro, später bis zu 37,50 Euro monatlich, kommen.** Dem Gesundheitsminister sind die Ankündigungen dieser Zusatzbeiträge sicher sehr recht, so kann er doch **die Einführung der beabsichtigten beitragsunabhängigen Gesundheitsprämie** parlamentarisch vorantreiben mit dem Hinweis, diese Prämie wird gerechter sein, weil dazu der **Sozialausgleich für Niedrigeinkommensbezieher eine Entlastung vorgesehen ist.**

Im Koalitionspapier stehen die beabsichtigten zukünftigen Änderungen allerdings sehr wolkig ausgedrückt.
Abschätzbar und realistisch sind für mich **ab 2011** folgende Maßnahmen:

> Die **beitragsunabhängige Gesundheitsprämie** in der Höhe zwischen 120 und 130 Euro, sowie ein sehr niedriger Sozialausgleich für Geringverdiener. Zusammen mit dem 7% Arbeitgeberanteil gehen diese Beträge dann vor der Zuteilung in den Gesundheitsfonds.

> Es wird ein **wettbewerbsorientierter Beitrag** der jeweiligen Krankenkasse, möglicherweise zunächst nur **umbenannt** vom Zusatzbeitrag **in Kassenbeitrag**, geben; bei Ausschöpfung der 1% vom Haushaltseinkommen mit der steten Anhebungsmöglichkeit der jeweiligen Kasse.

> Der Kassen-Beitragsanteil, der durch den Wettbewerb zustande kommen soll, **wird gekoppelt werden an die jeweiligen Leistungen der Krankenkasse.** (Ich verzichte an dieser Stelle darauf, meine Interpretation dazu heute schon öffentlich zu machen).

> Die neue Bundesregierung drückt es im **Koalitionspapier** wie folgt aus:

Mehr Eigenverantwortung, mehr Wahlfreiheit aber Aufrechterhaltung der Solidarität. Dabei soll die Einnahmesituation der Krankenkassen weiter verbessert werden. Den Leistungserbringern soll mehr Geld aus dem System zur Verfügung gestellt werden.
Der zukünftige medizinische Fortschritt wird nur noch mit den Beiträgen der Mitglieder finanziert werden.

Die **Struktur** in der Krankenversicherung bleibt bestehen. Bei Beibehaltung der Trennung von GKV und PKV soll die **Kooperation** gestärkt werden.

Meine Interpretation ist: Was es bedeutet, wird daran klar, wie die GKV-Kassen heute bereits Zahnersatzabsicherungen und bestimmte Krankenhausaufenthalte an PKV-Unternehmen vermitteln. Welche weiteren Leistungen damit gemeint sind, wird gegenwärtig nicht gesagt.

Meine Damen und Herren, ich will meine Aufzählung hier beenden, denn bevor die so genannte Regierungskommission nicht ihre Arbeit beendet hat (diese hat im März begonnen), bleiben mir zu viele Mutmaßungen im Raum stehen.

Meine Vorstellungen von einer gerechten und solidarischen Absicherung im Krankheitsfall **sind jedenfalls andere.**

Ich darf Ihnen diese in aller Kürze in Stichworten benennen:

Nach einheitlichen **gesetzlichen Grundlagen sollten sich alle Menschen in einer Krankenkasse ihrer Wahl gegen Krankheit versichern müssen. Die Unterscheidung von GKV und PKV sollte der Vergangenheit angehören.**

Es sollte eine **Beitragsstaffelung nach dem jeweiligen Einkommen gelten.** Die Bemessungsgrenze zur Festlegung des Beitrages sollte bei 12500 Euro monatlich festgelegt werden. Heute liegt sie bei 3750 Euro monatlich. Die über 12500 Euro liegenden Einkommen sollten mit einem festen Beitrag von 800 Euro monatlich erhoben werden.

Die **Arbeitgeber** sollten sich nach meinen Vorstellungen **mit 5% vom Bruttolohn** bis zu einer Bemessungsgrenze **von 84000 Euro jährlich beteiligen.** (Heute sind es 45000 Euro jährlich bei 7% Beitrag). Die mittelständische Wirtschaft würde erheblich von der Absenkung um 2% profitieren.

Als Absicherung im Krankheitsfall sollte eine umfassende ambulante und stationäre medizinische Versorgung nach den neuesten wissenschaftlichen Erkenntnissen einschließlich notwendiger Folgemaßnahmen für alle stattfinden. Zu dieser solidarischen Absicherung im Krankheitsfall gehören m.E. auch umfangreiche Vorsorgemaßnahmen, Notärztliche Maßnahmen, Zahnärztliche Behandlungen sowie ein qualitativ solider Zahnersatz.

Zu meinem Konzept gehören auch gesetzliche Maßnahmen gegenüber Pharmaunternehmen, die bisher für patent geschützte Medikamente selbstständig den Preis festlegen und nur zur Zeit 6% Zwangsrabatt den Krankenkassen gewähren. Die gesetzliche Einflussnahme ist ohne weiteres möglich. Die heutige Gesetzgebung regelt in §§129 bis 131 im SGB V die Beziehungen der GKV zu Apotheken und pharmazeutischen Unternehmen. Darin könnten auch drastische Abschlagregelungen mit **Höchstpreisen auf der Grundlage der Preissituation in den westlichen EU-Ländern geregelt werden.** Eine derartige Sofortmaßnahme kann dann einhergehen mit Rahmenbedingungen, an denen sich die Krankenkassen und die Hersteller halten müssen. Ich meine spezielle Vorschriften für Kollektivverträge zwischen dem Spitzenverband der Krankenkassen und Pharmaunternehmen. Zuvor sollten verpflichtende Kosten-Nutzen-Analysen Voraussetzung der Schließung von Verträgen sein.

Das immer schärfer auf unsere Gesellschaft zukommende **Problem der fehlenden Kassenärzte in den Flächenländern**, insbesondere auf dem Lande, ist auch lösbar. Das Verbot der kassenärztlichen ambulanten Behandlungen in den bestens ausgestatteten Krankenhäusern muss schnellstens beseitigt werden. Warum sollten langjährig und sehr gut ausgebildete Fachärzte nicht auch die ambulante Versorgung gewährleisten können? Nein, das Verbot haben die Kassenärztlichen Vereinigungen durchgesetzt und wollen es weiterhin durchsetzen. Darüber hinaus müssten kollegiale Partnerschafts-Praxen zu besseren Honorarvergütungsregelungen gegenüber Stadtpraxen eingerichtet werden dürfen und gleichzeitig in den Landkreisen mehrere Krankenschwestern/Krankenpfleger für den Krankenkontakt zum Hausarzt geschaffen werden. Ich könnte mir durchaus weitere Regelungsmöglichkeiten vorstellen mit den Stichworten: Bedingungen in den Zulassungsordnungen für junge Ärzte schaffen, Zinslose Darlehen für Antragsteller usw.
In meinem Konzept sage ich auch:
Präventive Erfordernisse für Ernährungsberatungen, Sportliche Betätigungen, Zahnprofilaxe, zusammengefasst als **Gesundheitsvorsorge und Erziehung**, sind nach meiner Auffassung **eine gesamtgesellschaftliche Aufgabe**, die der Staat mit seinen Finanzmitteln in Kindergärten und Schulen sowie in Erwachsenenbildungsstätten effektiv einsetzen sollte. Darüber hinaus sind es selbstverständliche Notwendigkeiten, **für die der Einzelne verantwortlich ist.**

Nicht unmittelbar mit Akut- Krankheiten bzw. chronischen Erkrankungen zusammenhängende

medizinische Veranlassungen und Wünsche sollten durch freiwillige finanzielle Absicherungen des Einzelnen stattfinden. Ich bin sicher, da würde der Wettbewerb zwischen allen Kassen sehr gut funktionieren.

In meinem vollständigen Konzept, nachzulesen auf meiner Homepage, gehe ich auch davon aus, dass **eine radikale Strukturreform damit einhergeht.** Also Aufgabenreduzierungen der Kassenärztlichen Vereinigungen, jedenfalls für Patientenabrechnungen und Honorarfestlegungen, Wegfall der Finanzierungen mit Beiträgen für Verwaltungskosten der Verbände der Krankenkassen, aber auch der Leistungs-Verbände sowie Rechnungslegungen für Versicherte und Krankenkassen.

Meine sehr verehrten Damen und Herren, ich glaube, dass ich Ihnen genügend Informationen gegeben habe, die Sie erst einmal verdauen sollten. Ich bin sicher, dass Verständnisfragen und Erklärungen nötig sind. Stellen Sie mir die Fragen, die erklärungsbedürftig sind. Ob ich sie alle beantworten kann? Ich will es aber versuchen. Vielen Dank für Ihre Geduld.

Lemwerder, 02.02.2010
www.guenter-steffen.de